OBSERVATIONS

Soumises au Corps Législatif sur les doubles-Elections faites dans le département du Doubs,

AVEC LES PRINCIPALES PIÈCES JUSTIFICATIVES,

Par P. J. BRIOT, Représentant du Peuple.

———

QUOIQUE la lecture attentive et le rapprochement comparatif des deux procès - verbaux des assemblées électorales du Doubs, suffisent pour faire connaître de quel côté est la légalité et la véritable opinion populaire, de quel côté sont les vrais amis de la république et de la constitution, il est cependant utile, soit pour éclairer la conscience du législateur, soit pour éviter des

A

débats affligeans, de porter la conviction dans tous les esprits, et de l'asseoir sur des faits irréfutables et des démonstrations mathémathiques.

J'envisage les élections du Doubs sous l'aspect politique et constitutionnel, et sous leur aspect légal et mathématique, et en prouvant diverses propositions, j'établis :

1°. *Que les opérations de l'assemblée électorale scissionnaire organisée et présidée par Besson, sont inconstitutionnelles et nulles, quand bien même cette assemblée aurait eu la majorité... quand bien même elle serait unique.*

2°. *Que les opérations de l'assemblée mère (quoique chassée de son local) sont constitutionnelles, légales et fondées sur l'assentiment de la majorité légale des électeurs du Doubs.*

J'entre en matière, et sans discussion étrangère, je cite les faits et les preuves.

PREMIÈRE PROPOSITION.

On a exercé une influence coupable sur les suffrages dans les assemblées primaires et électorales : la plus grande partie des choix ont été arrachés par la terreur et la force, et sont constitutionnellement nuls.

Besson est arrivé à Besançon à la fin de pluviôse : il s'est dit envoyé par le gouvernement pour changer les autorités civiles et militaires,

(3)

les remplacer et faire les élections. Sa commis-
sion cependant ne faisait nulle mention de semblables pouvoirs. (Elle est imprimée n°. 1.)

Cependant, il a annoncé le renvoi du général,
du commandant de la place, de plusieurs autres
officiers, d'une partie de la garnison : et ces militaires ont eté renvoyés.

Le général Massol a remplacé le général
Muller : à peine arrivé, Besson ne l'a pas trouvé
propre à favoriser ses vues ; Massol a été mandé à
Paris ; on a remis en activité le général Desnoyers,
destitué depuis long-temps, afin de venir commander provisoirement à Besançon pendant les
élections.

Besson avait annoncé la destitution de l'administration centrale et de son commissaire , et
publié une liste des remplaçans. En effet le 7
ventôse un courrier extraordinaire lui a apporté
ces destitutions. Ces fonctionnaires ont été remplacés par des agens de Saladin, des réacteurs
forcenés, destitués par le directoire exécutif,
pour fait de conspiration. L'un d'eux, Janson ,
l'a été deux fois (voir n°. 2 l'arrêté du directoire).
Un de ces administrateurs (Grandjaquet ,) est
le cousin de Besson.

Le 8 ventôse, cette nouvelle administration
fait une adresse dans laquelle elle outrage les
jurés nommés depuis le 18 fructidor (Besson n'a

pas quitté ses séances et a toujours délibéré avec elle). Un des anciens administrateurs seul conservé, le citoyen Roland, indigné de ce qu'on avait mis faussement son nom au bas de cette diatribe, la désavoue : Besson déclare qu'il sera destitué ; dans le fait il l'est courrier par courier ; cette destitution est affichée avec profusion dans le département.

L'administration municipale de Besançon et son commissaire sont destitués de même, et remplacés, sur la désignation de Besson, par des hommes semblables aux premiers. Il suffit, (pour éviter tous détails superflus à cet égard,) de rappeler ce qui en a été dit dans les deux Notices sur les causes de la réaction dans le Doubs.

Besson a dénoncé et fait révoquer les commissaires d'environ vingt cantons, *pendant le mois de ventôse ;* ce sont en général ceux des cantons les plus fanatisés du département ; il les a remplacés presque par-tout par des hommes tarés et connus par une foule de faits inciviques. (1) Ces nouveaux commissaires ont exercé des violences

---

(1) Besson qui ne s'est pas oublié, a placé son propre frère, (destitué par le directoire exécutif il y a sept mois), dans le canton d'Amancey, c'est-là précisément où il s'est fait nommer électeur.

dans les assemblées primaires , amené la force armée , fait incarcérer ou fuir des citoyens , provoqué des procédures et des scissions , afin de disperser les amis de la république. Voici deux faits en exemple , il serait trop long de les rappeler tous.

Le commissaire Hannier fils , craint de voir réélus deux citoyens du canton de Beure , que Besson venait de destituer ; il les fait conduire en prison à Besançon , *afin d'assurer la tranquillité des élections* , et le juge de paix de ce canton (oncle de l'administrateur Bonard,) décerne le 3o ventôse au soir un mandat d'arrêt , sans motifs. Cette pièce qui constitue le juge de paix en état de forfaiture , est imprimée n°. 3.

Malgré l'appareil avec lequel on arrête et on conduit à Besançon ces citoyens , *le premier germinnal au matin* , les réplicains sont en grande majorité à l'assemblée primaire et font de bonnes élections ; le commissaire organise une scission *dans la maison du juge de paix Ployer*. Eh bien , Besson , (page 67 des procès-verbaux) a l'impudeur d'exclure de son fantôme de corps électoral les électeurs légitimes , motivé sur ce que *le parti désorganisateur a influencé les élections par la violence et la terreur*. . . . On voit de quel côté est la violence et quelle foi on doit ajouter aux dires de Besson , quand il parle des tentatives de l'anarchie pour influencer les élections.

Dans le canton de Pouilley, le nouveau commissaire Cupillard, et le nouveau président Nardin, viennent à Besançon chercher de la force armée, pour assurer leur influence ; ils retournent à leur assemblée primaire *à la tête de ce détachement* qui, selon leur propre dire, a rétabli l'ordre ; mais la majorité demeure aux républicains. En conséquence les opposans, dirigés par le commissaire et par un certain général Pierre, destitué par le directoire exécutif, après le 18 fructidor pour sa conduite royaliste à Montauban , font une scission. Besson cependant (page 60 des procès-verbaux) a exclu les électeurs légitimes sur le motif que *l'assemblée primaire a été dominée par les anarchistes et que les citoyens paisibles ont été contraints de se soustraire à la violence.*

La nouvelle administration centrale , Besson toujours présent à ses séances, a destitué la presque totalité des administrations municipales ; le motif bannal de tous les arrêtés de destitutions , a été que l'anarchie s'était montrée aux assemblées de l'an VI, (temps par conséquent antérieur à leur entrée en fonctions). Je cite en exemple un de ces arrêtés (n°. 4) ; ils sont tous semblables , et la presque totalité est de la dernière décade de ventôse.

Sur plus de trois cents fonctionnaires publics destitués dans le Doubs , d'après ce motif bannal par Besson et ses valets, on en a remplacé plus de moitié par des parens d'émigrés et de prêtres déportés , ou des fonctionnaires frappés de destitution précédemment par le directoire exécutif.

Un détachement de force armée avait été envoyé dans le canton de Nods, à cause d'un rassemblement armé qui avait eu lieu, pour arracher des émigrés à l'escorte qui les conduisait, et fusiller cette escorte ; cette force armée protégeait les informations commencées par le juge de paix; on a égorgé le juge de paix le 4 ventôse, et le 10, l'administration centrale et le commissaire Mourgeon, installés le 7 , ont donné au général Muller l'ordre de rappeler ce détachement. Ensuite Besson a qualifié d'anarchistes les électeurs élus dans ce canton par les républicains, forcés de se séparer d'une assemblée où votaient les assassins de leur juge de paix , les rebelles insurgés contre la force armée , et pour ce fait sous le poids d'une accusation ; où enfin on n'a pas prêté le serment républicain.

Il ne restait d'autorité intacte que le tribunal criminel. Le 15 ventôse , les jurés se plaignent, par l'organe du chef du jury , de l'affiche du 8 qui les qualifiait de brigands. Le président du tribunal et l'accusateur public répondent que cet arrêté ne pouvait les flétrir, et les engagent à rester à leur poste. Besson, et Mourgeon commissaire central, dénoncent cet acte comme un attentat, et demandent l'arrestation du tribunal. (On voulait faire des procédures et des arrestations pendant les assemblées ; il fallait bien éloigner le tribunal, il y avait d'ailleurs des complices, des certificateurs d'émigrés à juger pendant cette session.) Sur leur exposé, le président du tribunal criminel, l'accusateur public, le chef des jurés sont traduits à Paris ; on les jette à Besançon dans les cachots à côté des criminels condamnés par eux ; on les traîne de brigade en brigade ; enfin leur innocence est démontrée, et ils ont été remis en liberté, motivé sur *ce qu'il n'y avait ni témoins indiqués, ni pièce produite ni corps matériel de délit.*

Pendant toute sa mission, Besson a toujours été entouré de force armée, d'ordonnances ; non content de répandre la terreur dans le département du Doubs, il est allé à Vezoul, le 15 germinal, avec le général Desnoyers et un détachement, destituer l'administration municipale qui venait d'être nommée par le peuple, et commander une scission électorale.

Non-seulement il s'est servi de la force armée pour tout comprimer dans ce département, mais afin de mieux asservir les officiers et de les rendre dociles à ses volontés, il a fait renvoyer tous ceux qui étaient soupçonnés de ne pas favoriser ses projets et ceux de ses complices. Le général Desnoyers, son vil et méprisable agent, le fléau du département du Doubs en cet instant, en renvoyant les membres des différens conseils de guerre, et en leur ordonnant de quitter Besançon sous vingt-quatre heures, au moment des élections, leur a donné pour motifs *qu'ils étaient sucpects aux autorités*. J'ái une lettre originale de lui, où il a consigné cet infâme aveu.

Il résulte de tous ces faits, d'une foule d'autres qui seraient rappelés, sans la crainte d'abuser de l'attention des représentans du peuple, et de ceux cités dans la 2me. *Notice sur la réaction opérée dans le Doubs, seconde partie*, que Besson a dominé par la terreur et arraché par la force et les proscriptions les élections populaires ; et qu'indépendamment de tout ce qui se serait passé depuis, de semblables élections, et sur-tout la sienne sont inconstitutionnelles et nulles : il faudrait le déclarer solennellement, sans quoi la liberté serait perdue, et chaque année verrait de semblables attentats achever la dissolution du gouvernement représentatif.

DEUXIÈME PROPOSITION.

Les scissions commandées, organisées et dirigées par Besson, et dont les électeurs ont composé en grande partie son assemblée électorale, sont en presque totalité absurdes et inconstitutionnelles.

1°. Quoiqu'on ait envoyé un détachement de force armée à Pouilley aux ordres du commissaire du directoire exécutif, les bons citoyens ont opéré légalement dans le local désigné, ils ont conservé la grande majorité des votans. La scission n'a pu avoir d'autres motifs que les ordres de Besson, et des passions particulières. De quel front les hommes qui avaient en leur pouvoir un détachement de la force armée pourraient-ils se plaindre de quelque violence? s'il y en avait eu elle aurait été leur fait ; les électeurs de Pouilley admis par Besson n'avaient donc ni titre ni caractère.

2°. Il en est de même de la scission du canton de Beure : l'assemblée mère a pour elle la conservation du local, la légalité des opérations, l'immense majorité des votans. S'il y a eu de l'influence et de la force mises en usage, c'est précisément contre les membres de cette assemblée, puisque le premier germinal le juge de paix Ployer *qui a réuni dans sa maison l'assemblée scissionnaire,* a fait conduire en prison à Besançon ceux qu'il regardait comme les chefs des républicains , et que le commissaire lui demandait d'écarter. De quel front ce Ployer , nommé et admis par Besson comme premier électeur a-t-il pu se plaindre de la terreur que lui auraient inspirée les victimes qu'il a jettées dans les fers ?

3°. La scission organisée à Recologne est encore plus pitoyable , et peut être plus coupable : car il n'est pas même bien certain qu'elle ait existé réellement. En effet d'après les dires du procès-verbal de la première assemblée électorale , et les aveux de celle de Besson , les électeurs qui se prétendaient élus par cette scission n'ont pu produire ni le 20 germinal au matin , ni le 20 germinal au soir, un titre qui justifiât qu'ils avaient déposé leur procès-verbal d'élection à leur municipalité : (c'était pourtant une autorité renouvellée par Besson, et près de laquelle il a placé un commissaire de sa fabrique). Au surplus d'après les titres produits aujourd'hui on voit qu'elle a été faite et signée par vingt-six individus, et qu'elle n'a pas été composée de la huitième partie des votans : on l'a judicieusement motivé sur ce que l'assemblée n'a pas voulu entendre en son entier un discours d'un membre contre les anarchistes.

4°. La scission prétendue organisée à Montbenoit est bien une imposture et un véritable délit. Le 20 germinal l'administration municipale n'en avait encore aucune connaissance , aucun procès - verbal d'assemblée scissionnaire n'était déposé,et déjà Besson admettait les électeurs. (Les trois pièces n° 5 sont précises.) Comment Besson dirait-il , si toutefois il y a eu scission dans ce canton,que l'anarchie l'a occasionnée? Il a changé l'administration municipale , le commissaire, a mis en place plusieurs parents d'émigrés: le commissaire Morand électeur de Besson, avait à ses ordres la gendarmerie de Morteau qu'il avait réquise à cet effet , et il se permettait en vertu de son autorité de défendre à des citoyens de voter à l'assemblée primaire (Troisième pièce n° 5.)

5o. La scission du canton de Levier a été provoquée, organisée par le nommé Gallet secrétaire de Besson, destitué il y a sept mois par le directoire exécutif. Ce Gallet se rendit à Levier à cet effet , et entraîna une faible minorité hors de l'assemblée primaire. Les présidents et les membres de l'administration municipale qu'on avait réorganisée, se permirent dans l'assemblée d'inviter les citoyens à se rendre à la scission ; elle fut présidée par Cordier neveu d'émigré , et qui quoique nommé électeur, n'a pas été admis par Besson lui-même. Quant à Gallet , comme il ne paye pas une centime de contribution dans toute la république , il s'occupa quinze jours après son élection de parer à l'objection qui lui serait faite , et pour cela il eût la délicatesse de falsifier les rôles des contributions du canton , et les nouveaux administrateurs la bassesse de s'y prêter. (Voyez la pièce n°. 6.) On doit admirer la loyauté de Gallet qui , après avoir été pendant plus de deux ans commissaire dans ce canton s'apperçoit tout-à-coup , le 15 germinal lorsqu'il est électeur , qu'il est prudent à lui de se faire inscrire sur le registre des contributions. Voilà la probité des agents de Besson !

Les républicains ont eu malgré toutes ces intrigues, malgré la terreur mise par-tout à l'ordre du jour par ceux-mêmes qui les ont accusés de s'être servis de ce moyen , la majorité constitutionnelle et numérique (1). On peut faire les mêmes observations sur les scissions des cantons de Baume , Besançon , Meiche , Pontarlier et Villafans.

---

(1) Il n'est pas inutile de remarquer que l'administration centrale s'est permis contrairement à la loi , de rapporter les arrêtés pris en l'an V , pour la fixation des lieux où devaient se tenir les assemblées primaires , et que pour les cantons de Goux , Villafans et autres , elle a désigné les communes les plus royalisées et les plus soumises à l'influence des prêtres réfractaires.

TROISIÈME PROPOSITION.

Les assemblées scissionnaires dont les électeurs ont été admis dans l'assemblée mère, ont presque toutes eu des motifs déterminants et légitimes.

L'inspection des procès-verbaux prouve cette vérité. Plusieurs des motifs des scissions sont rappelés dans le procès-verbal de la première assemblée électorale.

Il est inutile d'analyser ici les procès-verbaux des assemblées primaires, parce qu'il n'y a pas même besoin de se prévaloir de ces scissions pour prouver que l'assemblée mère a la majorité légale des électeurs. Il suffit donc de rappeler en exemple un seul fait. Dans les troisième et cinquième sections de Besançon, on avait tant exclu de citoyens ayant droit de voter, tant admis de parents d'émigrés, de gens inhabiles à voter, que les procès-verbaux mêmes des assemblées scissionnaires portent, qu'après la formation des bureaux on a invité les parents d'émigrés, les ex-nobles et faillis de sortir, et que d'après cet avis sont sortis plusieurs membres dont ils ont même la maladresse de rappeler les noms. Dans la cinquième, les premiers scrutins pour la formation du bureau étaient nuls ; le lendemain les meneurs voyant que les scissionnaires se prévalaient

(15)

de cette infraction, l'ont fait recommencer. (V. encore en exemple le canton de Vaucluse , etc.)

Remarque générale.

Besson prétend que les républicains des cantons d'Amancey et de Passavant ont supposé des scissions qui n'ont pas existé, et il a abusé de son influence au point de faire faire des poursuites à ce sujet , et décerner des mandats par les directeurs de jury de Baume et de Besançon. Ces messieurs qui violent la constitution et le texte formel de la loi du 5 fructidor an 3, pour plaire à Besson, se gardent bien de faire la moindre procédure contre ceux qui n'ont pas pu prouver les scissions de Recologne et de Mont-benoit , tandis que tous les électeurs républicains ont présenté le 20 germinal, leurs titres, dont personne n'a attaqué l'existence. Deux mots vont faire apprécier ces ridicules procédures dont parle Besson.

Michel, directeur du Jury à Baume , était un des administrateurs arrêtés en l'an 4 par le directoire exécutif , pour fait de conspiration : c'est le beau-frère du commissaire Cupillard , placé par Besson, et l'oncle par alliance des deux émigrés Blanchard: C'est ce directeur du jury qui , au lieu de poursuivre les assassins du juge de paix Amyot , a fait arrêter son ami qui a failli être égorgé avec lui.

Balleydier est un des royalistes les plus intrigans, les plus dangereux , c'est le faiseur des élections de l'an 5 ; il a sur-tout servi Besson de tout son pouvoir et il n'a épargné ni les procédures ni les vexations contre les républicains. (Croirait-on que Besson a eu l'impudence de venir faire une scène dans son bureau , parce que des jurés d'accusation venaient d'acquitter un républicain qu'il voulait poursuivre afin de fabriquer une conspiration anarchique?) Ce Balleydier qui ose décerner des mandats d'amener contre des électeurs , à raison des procès - verbaux de leur assemblée , qui a poursuivi un brave militaire (1) et plusieurs bons citoyens de divers cantons sans trouver une seule preuve contr'eux, a refusé de poursuivre des hommes convaincus d'avoir crié *vive le roi* le 1er germinal. Sept à huit témoins ont déposé de ce fait unanimement , ont même désigné deux des individus qui se permettaient ce cri royaliste et provocateur ; les circonstances étaient graves : eh bien ! Balleydier a fait paraître quelques témoins qui n'étant pas présents

---

Un capitaine surnuméraire voyant passer Besson un des jours de l'assemblée électorale, dit : *voilà le marchand de sel qui passe.* Besson le fait arrêter à l'instant, le directeur du jury Balleydier a trouvé dans ce mot le sujet de cette procédure et toute une conspiration.

dans l'instant ont déposé ne rien savoir , et il a déclaré qu'il n'y avait pas lieu à poursuites. A la deuxième section de Besançon on avait aussi crié *vive le roi* ; plusieurs témoins l'attestaient, M. Balleydier a prétendu qu'on devrait entendre, *vive la loi* (comme si on criait *vive la loi* seul) il a ainsi tout pacifié (1).

Voilà comment on organise ces procédures dont Besson voudrait bien pouvoir s'appuyer.

QUATRIEME PROPOSITION.

Besson et ses complices ont divisé l'Assemblée par force et violence , et opéré contrairement à la constitution.

Les faits sont constatés par les deux procès-verbaux, et quelque adresse que Besson ait mise à les déguiser ou à les pallier , la vérité se fait tellement connaître qu'il est inutile de la démontrer.

Déjà le 20 germinal vers le soir , Besson n'espérant plus être nommé président , demande de la force armée au général Desnoyers ; celui-ci en fait avancer de suite , mais on sent que l'acte de violence médité est intempestif, on le diffère; tout était tranquille dans l'assemblée , et la force mise sur pied ne sert qu'à effrayer les électeurs et les citoyens.

------

(1) J'ai ces procédures entre les mains.

B

Les ordres furent donnés le 20 a dix heures du soir, pour que deux détachemens fussent à sept heures du matin du 21. On savait donc à dix heures du soir, qu'on en aurait besoin à sept heures du matin du lendemain.

Qui a pu donner au général, l'ordre de prendre cette précaution, si non ceux qui voulaient se servir de cette force ?

Pourquoi une réunion d'électeurs, à sept heures du matin ? Besson dit dans son procès-verbal, environ huit heures : (quelle naïveté !) ce serait toujours une heure avant celle déterminée par la loi.

L'électeur Picquet qui a donné l'ordre à la force armée, n'était point président provisoire ; comment a-t-il fait pour le devenir ? il a fallu destituer le véritable président ; il a fallu annuller les opérations faites la veille ; il a fallu, si l'on peut s'exprimer ainsi, que l'assemblée se déconstituât et se reconstituât..... Il a donc fallu *délibérer* ; Besson explique tout cela par un assentiment spontané (page 44 des procès-verbaux). C'est d'abord un mensonge, et un acte de cette nature, fût-il réel, n'en serait pas moins le renversement de la constitution et de toutes les lois.

Le bureau provisoire aurait été présent, on n'avait pas le droit de le destituer ; le président d'age est constitutionnellement le président de toute assemblée qui s'organise. Le citoyen Me-quillet, tout le bureau provisoire, ne devaient point être présens avant neuf heures ; c'est l'heure fixée impérativement par la loi du 28 pluviôse an 6 (article premier) et par l'instruc-tion du 6 germinal même année, pour l'ouver-ture des assemblées électorales.

Une assemblée électorale n'a pas le droit d'an-nuller par ASSENTIMENT SPONTANÉ ou autrement des opérations faites précédemment, avant que leur illégalité ne soit duement constatée et re-connue.

, Il suivrait du principe même de Besson que quand la majorité du corps électoral est sur-venue, il aurait dû laisser délibérer sur l'illéga-lité de ce qui se faisait depuis sept heures, et ne pas s'obstiner à chasser le bureau provisoire et les électeurs, avant même que le corps électo-ral ait délibéré sur leur réclamation.

La réquisition écrite du président d'age Mé-quillet à la force armée, de se retirer, était au moins un motif suffisant pour consulter le corps électoral.

D'après son propre procès-verbal , Besson n'a point consulté l'assemblée , pour chasser les membres du bureau provisoire et la majorité du corps électoral du lieu des séances , en cela il a enfreint toutes les loix , et notamment celle du 25 fructidor an III, qui veut que le président ne prononce l'exclusion d'un seul membre et ne prenne des mesures qu'après avoir consulté l'assemblée.

Il résulte , que la séparation de l'assemblée électorale en deux parties a été le résultat de la violence, et que cette violence n'a été employée que pour porter Besson , à la présidence que les suffrages libres ne lui donnaient pas, et par suite à la législature.

Je prie mes lecteurs de fixer toute leur attention sur les onze pièces réunies sous le n° 7.

L'assemblée présidée par Besson est vraiment l'assemblée scissionnaire, car elle s'est séparée du bureau provisoire constitutionnel et de la majorité légale , elle ne peut avoir aucun procès-verbal légal des deux séances de la veille , la conservation du local ne prouve rien , car dix électeurs, Besson à la tête, l'auraient de même conservé , avec deux cens hommes et trente chasseurs , et se diraient alors l'assemblée mère. Le scrutin était légal et son dépouillement même après l'expulsion de l'assemblée mère a été encore fait par elle. (Pièce, N°. VIII).

Quatre faits frappans prouvent que le procès-verbal de Besson est plein d'impostures.

1o. Il dit qu'il a eu cent cinquante-huit suffrages pour la présidence , le sien fait cent cinquante-neuf ; de son aveu il n'a renvoyé aucun de ses électeurs et cependant sa liste totale ne se porte qu'à cent cinquante-un , ainsi ou il a menti , ou il s'est donné huit suffrages de plus qu'il n'y avait de votans.

2o. Il dit encore que lorsque les électeurs légitimes ont été chassés par lui , *ceux qui s'étaient introduits à leur suite pour leur servir de cortège , au nombre d'environ cinq cents , ont redoublé leurs imprécations* , et cependant c'est pour empêcher cette introduction qu'il avait appellé depuis sept heures la force armée , il avait donné cette consigne à deux cents hommes d'infanterie et à trente chasseurs à cheval qui étaient à la porte. De son aveu il y avait deux piquets dans l'assemblée; et il n'aurait pas fait exécuter sa consigne, et la force armée aurait laissé entrer un individu étranger sans qu'il l'ait remarqué et empêché!

3°. Besson prétend que ses électeurs ne se sont réunis qu'à huit heures. Le bureau constitutionnel et les électeurs se sont présentés à neuf heures ; ainsi en une heure , on a dans l'assemblée de Besson, 1°. attendu le bureau provisoire un instant, proposé la destitution du bureau et l'annullation des opérations de la veille, et décidé tout cela *par un assentiment spontané* ; 2°. formé un bureau provisoire; 3°. fait appel et réappel pour l'élection du président ; 4°. dé-

pouillé ce scrutin , proclamé et installé ce président qui a fait son serment de suite ; 5o. fait un
second appel et réappel , et fermé le scrutin. etc.

Il paraît en effet que , pendant ce temps , l'assemblée de Besson agissait par inspiration ; celle-
ci est encore assez remarquable :

» Le président définitif installé , l'assemblée
» électorale l'a SPONTANEMENT invitée d'em-
» ployer tous les moyens nécessaires pour assu-
» rer la tranquillité de l'assemblée. »

Il serait curieux de savoir de Besson comment
une assemblée s'y prend pour inviter , spontané-
ment et sans délibérer, son président à faire quelque chose.

4°. Il dit que pour la nomination des scrutateurs il y avait 165 votans ; c'était dans ce même
temps que les électeurs choisis par lui étaient
réunis à l'école centrale et signaient individuellement sur une liste la preuve de leur séparation d'avec Besson ; ils étaient dès ce moment et
ont toujours été 148 ; donc Besson n'avait que les
151 électeurs qui ont formé sa liste ; ainsi ou il
a encore ajouté 14 bulletins, ou il ment dans
procès-verbal.

Après ces observations et la lecture des pièces,
il est inutile de parler de la manière dont on
a vérifié les pouvoirs des électeurs et du surplus
de ses opérations.

CINQUIEME PROPOSITION.

La liste des électeurs de Besson suffit pour prouver qu'il a rallié autour de lui les royalistes et les ennemis du gouvernement.

Qu'on fasse le dépouillement de cette liste, et s'il s'y trouve des bons citoyens qui ont cédé à la force, à la terreur, qui ont cru devoir demeurer dans le local; on y trouvera les noms des hommes les plus signalés dans ce département par leur esprit réactionnaire, leur conduite incivique et leur opposition constante à la république et au gouvernement.

On verra que son assemblée a été composée à moitié, d'hommes auxquels il venait de distribuer des places pour voter en sa faveur.

Ces rapprochemens importans sont présentés d'une manière frappante dans la note imprimée n°. 9.

SIXIEME PROPOSITION.

Besson n'a pas eu la majorité légale dans son assemblée.

Elle se trouve au contraire dans celle de l'assemblée mère, qui a été chassée du lieu de ses séances.

Et d'abord, plusieurs électeurs seraient à écarter de la liste de Besson, abstraction faite de tous scissionnaires.

1ᵉ. Besson non domicilié à Amancey, mais bien à Paris , Besson illégalement nommé par une assemblée où il a fait achever par acclamation l'élection du secrétaire, où il a rejetté un défenseur de la patrie, retiré après six campagnes, tandis qu'il a admis une foule de parens d'émigrés et d'individus inéligibles.

2ᵉ. Bournot, chef de brigade retiré, domicilié depuis vingt ans et plus à Besançon, où il paie toute contribution, où il est inscrit au registre civique, où il a voté à toutes les assemblées primaires précédentes, et qui n'ayant à Liesle ni domicile, ni inscription au registre civique, n'a pu voter, ni être nommé électeur dans ce canton.

3ᵉ. Amyot de Nod, dit de Vaumagnerou, a un frère émigré inscrit sur la liste générale. Il a prétendu qu'en sa qualité de gendarme il était compris dans l'exception ; mais il n'est point officier de gendarmerie depuis fructidor an V ; il a été plusieurs fois destitué, et il n'est pas même vrai qu'il fasse en ce moment partie de la gendarmerie nationale.

4ᵉ. Lapprend (de Pierrefontaine), réquisitionnaire sans congé légal.

5ᵉ. Socier (de Pont - de - Roide) beau - frère d'émigré, chef du rassemblement armé qui, en l'an III, voulut enlever quatre prêtres conduits au château de Blamont , et combattit l'escorte une après-midi entière.

6e. Grandjacquet (de Villafons,) beau - frère des prêtres Hugues, émigrés.

7e. Gallet (de Levier,) n'ayant jamais payé , et ne payant pas en ce moment de contributions.

8e. Théodore Emonin (de Vaucluse), déclaré démissionnaire par un arrêté du directoire exécutif, du 26 nivôse an V, motivé sur ce qu'il est domicilié dans le canton de Saint - Hypolite.

9e., 10e., 11e., Jamnin, Grillet et Maurice Petite provocateurs en l'an 3 d'arrêtés séditieux et liberticides, déclarés tels par arrêtés du directoire exécutif, qui a destitué un des signataires, et fait poursuivre un autre devenu juge de paix, qui a été forcé de quitter ses fonctions. Ces trois électeurs ont de plus refusé la constitution, à moins qu'on ne rappèle les prêtres réfractaires et qu'on ne renouvelle en totalité le corps législatif; ils avaient spécialement donné cette mission dans leur assemblée aux électeurs de l'an IV.

Il y a même d'autres électeurs qui paraissent n'avoir pas les qualités légales; car Maire (de Pontarlier), Cordier (de Villafans) Fleury (de Vercel), paraissent avoir leurs frères inscrits sur la liste des émigrés.

Ainsi donc, en retranchant de la liste de Besson au moins ces onze électeurs; en retranchant seulement quatre d'entre eux , il ne lui reste plus la majorité numérique comparativement à l'assemblée légitime.

Mais en lui laissant même tous ses électeurs, il a toujours contre lui LA MAJORITÉ LÉGALE.

Examen fait, et les procès-verbaux comparés, il résulte que l'assemblée de Besson a été composée :

1°. De 60 électeurs pris dans les cantons où il n'y a point eu de scissions.

2°. De quarante-deux électeurs d'assemblées primaires scissionnaires, et on poussera la déférence jusqu'à lui accorder que ses électeurs avaient eu dans ces assemblées majorité et légalité.

3°. De 49 électeurs, résultat des assemblées scissionnaires, rappellées plus haut, et qui sont évidemment nulles,

L'assemblée électorale légitime a au contraire réuni :

1°. 56 électeurs de cantons non scissionnés.

2°. 50 électeurs d'assemblées scissionnées, et, où malgré la violence et les intrigues , il est resté aux républicains une immense majorité et la légalité des opérations.

3°. 42 électeurs d'assemblées scissionnaires ; en accordant à Besson l'égalité et majorité de votans.

N. B. Il faut remarquer encore qu'en comptant ainsi on accorde encore à Besson trois électeurs de la première section de Pontarlier, dont l'assemblée, quoique chassée de son local par la force, est pourtant évidemment l'assemblée mère, par son union au bureau légime, sa majorité et la légalité de ses opérations.

Rejettant donc de part et d'autre tous les électeurs nommés par des minorités scissionnaires, et accordant à Besson tous ses dires à ce sujet, on obtient pour résultat définitif.

A l'assemblée électorale, séante à l'école centrale, 106 électeurs légitimes et non contestables ;

A l'assemblée de Besson au contraire, 102 électeurs seulement, en lui laissant encore tous ceux qui n'avaient pas de titres d'éligibil té.

Autre calcul qui sert à celui-ci de preuve mathématique :

Le corps électoral du Doubs est composé constitutionnellement de 210 électeurs, et a été ainsi composé pour l'an VII.

On ne peut sous aucun aspect admettre des doubles représentations. Donc, malgré les scissions, le corps électoral a dû rester composé de 210 électeurs légitimes.

De l'aveu des deux procès-verbaux, deux électeurs d'assemblées non scissionnées ont été malades et n'ont pas paru. Restent 208 électeurs,

formant l'assemblée électorale. La majorité abso-
lue sur ce nombre est de 105 suffrages.

Besson n'en a réuni que 102

L'assemblée mère séante à l'école centrale en
a réuni 106 : total pour les deux, 208, nombre
égal.

Donc la majorité légale et constitutionnelle est
contre Besson, et en faveur de l'asemblée mère,
d'où il résulte que les opérations de celle-ci, sont
seules légitimes et constitutionnelles, indépendamment de toutes les considérations puissantes
rappellées plus haut.

Si on jette enfin un coup-d'œil sur les deux
procès - verbaux en général, on voit le premier
rédigé avec une sagesse, une modération qui,
s'attachant aux faits seuls, s'abstenant de toute
qualification, de toute injure, présente le caractère de la vérité et du patriotisme ; celui de
Besson au contraire, rempli d'injures, d'impu-
tations démontrées fausses, dissimulant avec
mal adresse les faits qu'il lui importait d'effacer,
répétant à tous propos les mots *d'anarchie* et
d'anarchistes, insultant à une partie du peuple
par l'épithète insolente de *populace*, ne présente
autre chose que le langage de la haine, de la
passion, du royalisme, et le tableau de l'ambition
tendant à ses fins par les moyens les plus odieux.

Mais en prononçant sur ces élections, le corps

législatif peut-il laisser impunis les attentats qui ont donné lieu à cette discussion ? Les articles 616 et 618 du *Code des Délits et des Peines*, sont ainsi conçus :

» Art. 616. Tous les complots ou attentats pour
» empêcher la réunion ou opérer la dissolution
» d'une assemblée primaire ou d'une assemblée
» électorale, seront punis de la peine de la gêne,
» pendant quinzea nnées.

» Art. 618. Si des troupes investissent le lieu
» des séances d'une assemblée primaire ou élec-
» torale, ou pénètrent dans son enceinte, sans l'au-
» torisation ou la réquisition de son président,
» les membres du directoire exécutif , ou le mi-
» nistre, ou le commandant , qui en auront
» donné l'ordre, et les officiers qui l'auront fait
» exécuter , seront punis de la peine de la gêne
» pendant quinze années.

Si les délits commis dans le département du Doubs , ne sont pas sévèrement réprimés, si Besson, le commissaire central Mourgeon ; lé général Desnoyers , l'électeur Picquet, ne sont pas traduits par-devant les tribunaux ; la constitution et les lois sont violées ; de pareils délits vont se reproduire chaque année ; le gouvernement représentatif est frappé dans sa base ; avertis par l'exemple de Besson, ses successeurs comprendront qu'il ne faut qu'un crime de plus pour étouffer les oppositions et les réclamations, et la représentation nationale déshonorée et avilie , renouvellée chaque année à coups de bayonnettes , ne jugera de la validité des élections, que sur le nombre des détachemens qui y auront présidé.

P. J. BRIOT *réprésentant du peuple, député du Doubs au conseil des cinq cents.*

P. S. En publiànt les pièces que je joins à cet écrit, j'aurais pu en insérer une bien importante, et qui , en confondant Besson , en jetant un jour étonnant sur cette affaire , entraînerait à coup sûr sa traduction par-devant les tribunaux. Mais il faudrait donner la clef de cette pièce, et je crois devoir m'en abtenir par ménagement pour un homme en place, qui peut-être mérite bien peu cet égard. Je déclare pourtant que si l'intrigue et la malveillance s'obstinaient à m'y forcer, je la publierai pour terminer tout.

Je n'en dis pas davantage ; QUELQU'UN M'ENTENDRA , et sentira combien est grande une pareille modération.

PIÈCES JUSTIFICATIVES.

N °. I.

Paris, 17 Pluviôse, an VII.

*Le Ministre de l'Intérieur , au citoyen Besson ex-
Législateur.*

Citoyen, au milieu des embarras dont le gouvernement
est environné , il s'occupe sans relâche de l'affermissement
et de la prospérité de la république. Tandis que d'une main
ferme il dirige les relations extérieures et conduit nos armées à la victoire , il porte ses regards et son attention sur
toutes les parties de l'administration intérieure , et tous les
genres d'amélioration sont l'objet de ses sollicitudes paternelles. Malheureusement il n'a pas tous les renseignemens.
qui lui sont nécessaires pour opérer des réformes , encourager
et provoquer des entreprises , ouvrir de nouvelles sources de
prospérité. Les administrations locales chargées d'une multitude de détails , sont presque toutes dans l'impossibilité de
s'occuper des grandes vues d'administration générale , d'économie politique et de projets utiles ; on ne peut donc attendre d'elles tous les documents et instructions desirables.

Le gouvernement a cru nécessaire en conséquence d'envoyer dans plusieurs départemens des citoyens recommandables par leur patriotisme et leurs lumières , chargés de recueillir les renseignemens les plus exacts sur les productions
territoriales , les ressources agricoles et commerciales , l'état
des grandes routes , la possibilité d'en ouvrir de nouvelles ,
la navigation, les moyens d'en ouvrir les canaux , les nouveaux procédés à introduire dans l'agriculture , l'amélioration des bestiaux de toute espèce , l'état des forêts , leur
régénération et les plantations , les manufactures , les encouragemens dont elles sont susceptibles , les hospices, leurs
ressources , l'état de l'instruction publique , etc.

Le directoire desire, citoyen, que vous puissiez remplir cette mission importante dans le département du Doubs. Je vous prie de me faire savoir si vous vous en chargez, dans ce cas *je vous donnerai un passeport* (1).

Salut et fraternité,

Signé, FRANÇOIS-DE-NEUCHATEAU.

N^o. I I.

Extrait des registres des délibérations du directoire exécutif.

Du 29 nivôse an 4 de la république, une et indivisible.

LE directoire exécutif, sur le compte qui lui a été rendu de plusieurs pièces trouvées en poursuivant un émigré dans le département du Doubs, et dont l'une, notamment, contient des propositions au général commandant dans le département, ainsi qu'à l'administration départementale, pour favoriser un plan d'invasion de plusieurs forts et de la citadelle de Besançon, ainsi que pour opérer un mouvement général dans les six départemens frontières du midi, depuis Lyon, jusqu'à Huningue, à l'effet de livrer ce pays aux émigrés et aux puissances coalisées.

Vu encore diverses autres pièces et renseignemens qui coincident avec les indications renfermées dans cette pièce, et concourent à prévenir des fonctionnaires publics d'être les complices et fauteurs de cette conspiration.

Considérant que le plan dont il s'agit, est trop bien détaillé dans ses moyens d'exécution pour que ses auteurs n'aient pas des intelligences dans les départemens frontières de la Suisse, et jusques dans les autorités constituées ; que d'ailleurs ils en donnent positivement l'assurance.

Considérant que les mouvemens qui ont eu lieu dans le département du Doubs, ont rapport à ce plan ; qu'ils sont évidemment dûs à l'inaction où à la complicité des autorités constituées et principalement des administrateurs du département, qui favorisent ouvertement les progrès du fanatisme, l'égarement des citoyens des campagnes, les prêtres réfrac-

---

(1) Vous avez pris un passeport, Besson : vous êtes donc domicilié à Paris et inscrit au registre, vous n'êtes donc pas domicilié à Amancey, département du Doubs.

taires, les émigrés, et tous les ennemis de la révolution.

Qu'on en trouve une première preuve dans la négligence qu'ils ont mise à réprimer ou prévenir ces mouvemens, ainsi que dans des écrits imprimés signés de deux membres du département, dont l'effet a été de provoquer la désobéissance aux lois.

Que les troubles qui ont eu lieu à Besançon, le 29 du mois de frimaire dernier, et la conduite qu'a tenue le régiment de hussards en garnison dans cette commune, est encore un des moyens proposés dans ce plan de conjuration, et qu'il ajoute une présomption de plus contre les administrateurs, et le général indiqué par la pièce principale.

Considérant enfin que ce plan d'invasion compromet directement l'administration du département du Doubs, ainsi que que le général Ferrand ;

Arrête, en vertu des articles 145, 196, 197 et 198 de la constitution, ce qui suit :

Art. Ier. Les cinq membres composant l'administration actuelle du département du Doubs, sont destitués de leurs fonctions, et remplacés par les citoyens ci-après nommés :

Billot, ancien procureur-général-syndic du département du Doubs ;

Masson, ex-procureur-syndic à Quingey ;

Ravier, ex-administrateur du département ;

Roland, ex-administrateur du département ;

Vuillier, ex-administrateur du département.

II. Les citoyens Kilg, Janson, Voisard, Mourgeon et Michel, administrateurs destitués par l'article précédent, tous prévenus de conspiration contre la sûreté intérieure et extérieure de l'état, seront mis en arrestation, et les scellés seront apposés sur leurs papiers.

III. Le général Ferrand est destitué de ses fonctions ; il sera pareillement mis en arrestation, et les scellés seront apposés sur ses papiers.

IV. Tous les individus dénommés aux articles précédens seront traduits devant le citoyen Girardot, juge de paix et officier de police judiciaire, à Besançon, lequel saisira et décrira ceux des papiers trouvés chez les prévenus ou sur leurs personnes servant à conviction en se conformant aux lois, et spécialement aux articles 108, 125 et suivans du *Code des Délits et des Peines.*

C

V. Le même officier de police mettra en arrestation les, individus qui pourront être désignés par les papiers, comme complices de la conspiration. etc . . . .
. . . .

Nº. III.

DE PAR LA LOI.

Nous, Pierre François Ployer, juge de paix et officier de police judiciaire du canton de Beure, département du Doubs, en vertu de l'art. 70 du code des délits et des peines, mandons et ordonnons à tous exécuteurs de mandemens de justice, de conduire à la maison d'arrêt du département du Doubs, Etienne Boutte, cultivateur à Busy, et Joseph May, de ladite commune, POUR AVOIR ÉTÉ DÉNONCÉS PAR LE COMMISSAIRE DU POUVOIR EXECUTIF PRÈS L'ADMINIS-TRATION DU CANTON DE BEURE, EN DATE DU 30 VENTOSE, AN VII; mandons au gardien de ladite maison d'arrêt, de le recevoir le tout en se conformant à la loi, requérons tous dépositaires de la force publique auxquels le présent mandat sera notifié, de prêter main forte pour son exécution en cas de nécessité. Fait et décerné à Beure, *le 30 du mois de ventôse*, an VII, de la république.

Signé, PLOYER.

Nº. IV.

Extrait du registre des délibérations et arrêtés de l'admi-nistration centrale du département du Doubs.

A la séance du 23 ventôse, de l'an VII de la république, l'administration centrale du département du Doubs, infor-mée des troubles qui ont eu lieu dans les assemblées primaires du canton de Meiche, en l'an VI, que plusieurs mem-bres de l'administration municipale s'y sont signalés à cette époque comme les partisans de l'anarchie qui s'est manifestée lors desdites assemblées.

Considérant que ces mêmes individus manifestent encore

en ce moment les mêmes dispositions pour la tenue des pro-
chaines assemblées , qu'il est du devoir de l'administration
*d'assurer par tous les moyens que la loi lui a confiés la
plus grande liberté* dans les assemblées du peuple , et que
LE PLUS SUR MOYEN est de retirer l'autorité des mains des
fonctionnaires qui en useraient pour étouffer la liberté en
favorisant l'anarchie.

Arrête après avoir entendu le commissaire du pouvoir
exécutif , que le président de l'administration municipale du
canton de Meiche , les agens et adjoints de Meiche , Mance-
nans , la Liserne , Bathenans , les Ecorses , St.-Julien ,
Essarsmonot , Charmonvillers , Vitièse , Fessevillers , Les-
plains , Grand-Essarts , Trèvillers , Damprichard , Fer-
rierre , Bellesay , Orgeans , Bréseux , sont suspendus de
leurs fonctions et remplacés savoir , etc. , etc.

N. B. Voilà le modèle de plus de 25 arrêtés de ce genre
et les motifs de la destitution de plus de trois cents fonctionnaires publics en moins de vingt jours , le tout POUR PRÉ-
VENIR L'ANARCHIE PENDANT LES ASSEMBLÉES PRIMAIRES.

Nº. V.

Ie. NOUS soussignés agents et adjoins municipaux des
différentes communes composant l'administration municipale
du canton de Mont-Benoit , département du Doubs , certi-
fions à tous ceux qu'il appartiendra que nous n'avons eu
aucune connaissance , ni invitation , ni vu aucune affiche de
la soi-disant assemblée primaire qui s'est tenue dans la commune de Lièvremont , même canton et département , et que
même il n'y a eu aucune déclaration de la susdite assemblée
consignée dans le registre de cette administration , etc.

Suivent les signatures , le sceau.

IIe. Le soussigné , secrétaire de l'administration municipale du canton de Mont-Benoit , département du Doubs ,
certifie à tous qu'il appartiendra , qu'il n'a point été déposé
de procès-verbal en ce secrétariat , de l'assemblée scissionnaire , tenue le 8 présent mois à Lièvremont , par ainsi je
n'ai pu en expédier les doubles , ni apposer le scel municipal
sur aucun double dont les soi-disans électeurs , nommés par
cette assemblée , pourraient être munis : en foi de quoi j'ai

délivré le présent aux électeurs, nommés par l'assemblée primaire de ce canton, tenue en la ci-devant église de Mont-Benoit lieu désigné, depuis deux ans, par l'administration centrale du Doubs pour la tenue de l'assemblée de ce canton, et qui sont à présent à Besançon dans l'exercice de leurs fonctions ; lesquels m'ont requis du présent pour leur servir ce que de droit. Fait au secrétariat municipal à Mont-Benoit, ce 23 *germinal*, l'an VII de la république française.

HUMBERT , *secrétaire* , et scellé du sceau de
l'administration.

IIIᵉ. L'an VII de la république française , le 16 germinal, les citoyens Claude Ignace , receveur , et Joseph-Alexandre Guillemin , gendarmes à la résidence de Morteau , canton dudit lieu , déclarent qu'ils sont restés à Mont-Benoit ce 4 germinal de l'an courant *sur la réquisition du citoyen Morand , commissaire dudit canton de Mont-Benoit* pour y surveiller un colporteur de pamphlets incendiaires tendant à la destruction du gouvernement et de la constitution : ce livret en 27 pages , et qui à pour titre : « Robespierre aux » frères et amis , et Camille Jourdan aux fils légitimes de » la monarchie et de l'église (1), et pour veiller à la sûreté des personnes et des propriétés du canton dans ce moment que ledit citoyen Morand a dit être un temps de trouble et d'a-narchie.

En conséquence de cette réquisition nous déclarons être res-tés audit Mont-Benoit jusqu'à 7 heures et demie décimales dud. jour 4 germinal , déclarons que nous n'y avons rien vu de contraire aux loix , et que tout ce qui s'y est dit et fait sous nos yeux prouve d'une manière invariable l'attachement des citoyens au gouvernement et à la constitution de l'an III : déclarons au besoin que tous actes ou déclarations contraires seraient fausses et calomnieuses, en tout ce qui pourrait être relatif à ce qui s'est passé sous nos yeux pendant que nous

---

(1) Il paraît que le bon commissaire qui venait d'être nommé *ad hoc* ne se connaissait pas en libelles incendiaires , et qu'il n'avait pas reçu le mot de l'ordre à cet égard , ou plutôt qu'il s'est servi de ce prétexte pour requérir et garder à ses ordres la gendarmerie.

(37)

sommes restés audit Mont-Benoit ; déclarons en outre que
ledit citoyen Morand a intimé en notre présence , défense au
citoyen Léchine, en sa qualité de secrétaire de l'assemblée
primaire du canton , tenue les premier , deux et trois germinal courant, de se présenter à l'assemblée primaire qui
avait été prorogée audit jour 4 germinal.

Dont acte que lesdits citoyens Receveur et Guillemin ont
signé pour rendre hommage à la vérité.

Morteau , 16 germinal an VII.

Signé RECEVEUR , GUILLEMIN.

N. B. Cette pièce prouve , non-seulement qu'il n'y a eu
aucune scission dans ce canton jusqu'au 5 germinal (jour où
tout était fini), mais que le commissaire Morand qui d'après
le propre procès-verbal de cette prétendue scission , l'aurait
organisée et a exercé les fonctions d'électeur en son nom, a
non-seulement voté dans l'assemblée primaire , mais qu'il y
abusait de son influence et de son pouvoir pour empêcher de
voter les citoyens qui lui déplaisaien..

No. VI.

L'AN 7 de la république française, le 15 germinal , Jean-
Claude-Ignace Sutty , percepteur des contributions directes
de la commune de Levier, pour l'an courant, fait rapport
qu'en suite d'avertissement fait par l'administration municipale du canton de Levier , par lettre de cette administration , en date du 5 du courant, qui l'invite et au besoin le
requiert, de se rendre au lieu des séances de ladite administration municipale , à neuf heures du matin , muni de tous
ses rôles , des quittances de payement qu'il a fait à compte
des impositions quelconques de l'an 7 , s'est rendu ledit
jour à l'heure et au lieu indiqué , avec ses rôles et
quittances, et comme plusieurs percepteurs des communes
composant le canton de Levier , ayant eu le même avertissement que lui , ledit J. - Cl. - Ig. Sutty , les rôles et
quittances des percepteurs présens ou autres communes
composant le canton dudit Levier , ont été vus par l'administration municipale , en sorte que le percepteur de la

commune de Levier, n'a été admis à justifier de ses recettes et payemens, qu'environ les deux heures après midi, qu'à cette heure le citoyen Gallet, ex-commissaire du directoire exécutif présent à l'administration, a dit que le percepteur était présent avec ses rôles, et lui a demandé à voir le dernier, lequel lui a répondu pourquoi il les lui demandait. Il a répondu que c'était pour voir la cotte de son beau père, (Jean-Antoine Bouveret,) et que de suite le percepteur lui a fait voir la cotte dont mention, *que lui ledit Gallet ayant en les rôles, a voulu falsifier l'article de son beau-père*, et incontinent Sutty, percepteur, a retiré lesd. rôles des mains du citoyen Gallet. De suite cel i-ci s'est plaint de ce que le percepteur susdit lui refusait la communication desd. rôles à l'administration, à quoi il a répondu que non, mais qu'il ne souffrirait pas qu'on y fit la moindre altération. Que malgré ses oppositions le citoyen Lepin, président de l'administration municipale du canton de Levier, en vertu de l'arrêté de cette administration municipale de ce jour, 15 germinal courant, a écrit en marge de l'article de J.-A. Bouveret, beau-père du citoyen Gallet ces mots-ci : « Après l'arrêté de ce jour il a été décidé que le nom
» du citoyen Gallet serait ajouté au présent rôle ainsi qu'à
» celui de Septfontaine, comme ayant droit indivis avec
» ledit J.-A Bouveret-Levier, le 15 germinal, an VII.
» *Signé*, Lepin, *président*, Jeannin, *adjoint*, Parrod,
» *agent*, Lambert, *adjoint*, Vorbe ; *adjoint*. »

De tout quoi j'ai rédigé le présent procès-verbal pour valoir et servir ce que de droit. A Levier, les an, jour et mois que dessus.

J.-Cl.-Ig. SUTTY, percepteur.

N°. VII.

ORDRES DONNÉS A LA FORCE ARMÉE.

Ir. LE président de l'assemblée électorale du département du Doubs, actuellement séant à l'école centrale, invite et au besoin, requiert le commandant de la force armée introduite dans le lieu des séances de l'assemblée électorale,

(39)

le 21 germinal courant , de lui donner copie des ordres qu'il a reçus de ses chefs , ou des réquisitions en vertu desquelles il a agi.

Besançon le 22 germinal.

QUIROT , *président.*

IIᵉ. Au quartier-général, à Besançon , le 20 germinal, an 7 de la république, *à sept heures du soir.*

Le général commandant la sixième division , au commandant de la place.

Les hussards du 7eme. régiment , se porteront le plus promptement possible sur la place , pour y observer et maintenir la tranquillité publique ; ils seront partagés en deux divisions , l'une sera en bataille faisant face à la maison commune près le Temple, et l'autre à l'autre extrémité de la place faisant face à celle-ci.

Quand l'assemblée électorale aura levé ses séances , et que la foule se sera écoulée de dessus la place de la Loi, ces deux piquets seront subdivisés en quatre sections qui rentreront dans leurs quartiers , *après avoir parcourus différents points de la ville* indiqués pour la tournée des patrouilles.

Le restant de la nuit jusqu'à minuit , et plus longtemps si l'on remarquait quelque agitation , le service des patrouilles à l'ordinaire , *ainsi que l'ordre qui leur a été donné.*

Signé DESNOYERS.

IIIᵉ. Au quartier-général, à Besançon , le 20 germinal an 7 , *A DIX HEURES DU SOIR.*

Le général commandant la sixième division , au commandant de la place.

Sur le réquisitoire des autorités constituées , et pour empêcher que la tranquillité publique ne soit troublée , il sera envoyé demain à la maison commune , cent hommes de la 29ᵐᵉ demie-brigade , avec le piquet de grenadiers ordinaire.

Un détachement du septième régiment de hussards , de 12 à 15 hommes , s'y rendra de même.

Le commandant de cette force armée , *n'obéira pour ce*

qui concerne l'assemblée électorale , qu'à une réquisition par écrit de son président , et pour le maintien de la tranquillité extérieure à celle des autorités constituées et aux ordres des chefs qu'ils recevraient en conséquence , le détachement de hussards sera relevé dans la matinée par une pareille force.

TOUTES CES TROUPES SERONT RENDUES A SEPT HEURES, DEMAIN MATIN , AU LIEU DESIGNÉ ; elles rentreront dans leurs quartiers respectifs, du moment que le président de l'assemblée électorale ou les autorités constituées ne trouveront plus leur présence nécessaire.

Signé DESNOYERS.

IVe. Le président du bureau provisoire de l'assemblée électorale du département du Doubs, invite, et au besoin, requiert le commandant de la sixième division militaire, de metttre à sa disposition, au poste de la place de la Loi , une force armée suffisante pour maintenir la sûreté et la police de l'assemblée électorale.

Fait au bureau de l'assemblée électorale, à Besançon, le 21 germinal an 7.

Signé, PICQUET président.

Pour copie conforme , le capitaine JOLY.

Ve. Le commandant de la force armée à la disposition de l'assemblée , est requis de faire entrer cinquante hommes de plus dans la salle dite des pas perdus , pour exécuter les ordres que leur donnera LE COMMANDANT DE L'ASSEM-BLÉE ELECTORALE.

Besançon , ce 21 germinal an 7.

Signé, PICQUET président.

Pour copie conforme, le capitaine JOLY.

VIe. Le président de l'assemblée électorale du département du Doubs , requiert le commandant de la force armée , mise à la disposition de l'assemblée électorale , pour maintenir l'ordre et la police, d'envoyer sur le champ dix hommes dans l'intérieur de la salle de l'assemblée , pour exécuter les ordres qui leur seront donnés.

Besançon , ce 21 germinal an 7.

Signé, BESSON.

Pour copie conforme, le capitaine JOLY.

Réquisition du président provisoire constitutionnel.

VIIe. LE PRÉSIDENT PROVISOIRE DE L'ASSEMBLÉE ÉLEC-
TORALE DU DÉPARTEMENT DU DOUBS, REQUIERT LA
FORCE ARMÉE DE SORTIR DU LOCAL DE SES SÉANCES.

Besançon, ce 21 germinal an 7.

Signé, C. H. MEQUILLET.

Pour copie conforme, le capitaine JOLY.

VIIIe. Le président définitif persiste dans l'ordre qu'il a
donné pour la police de l'assemblée, et invite le commandant du poste de ne reconnaître aucun autre ordre que
les siens, sous sa responsabilité.

Ce 21 germinal an 7.

Signé, BESSON *président.*

Pour copie conforme, le capitaine JOLY.

IXe. Le commandant de la force armée, à la seule disposition du citoyen président de l'assemblée électorale, est
prévenu que le citoyen Besson a été élu en cette qualité et
que c'est à lui seul qu'appartient le droit de requérir la
force armée, et à la réquisition duquel il doit-être fait droit.

Ce 21 germinal an 7 de la république francaise.

Signé, *le général* DESNOYERS.

Pour copie conforme, le capitaine JOLY.

Xe. Le président de l'assemblée électorale du département du
Doubs, actuellement à l'école centrale, et ci-devant à
la salle décadaire de la maison commune.

Au général commandant la sixième division.

Je suis instruit, citoyen, qu'à dix heures du soir, du
20 germinal courant, *sur la réquisition des autorités
constituées,* vous avez donné ordre à la force armée de se
transporter le lendemain 21, à sept heures du matin dans le
lieu désigné par l'administration centrale pour la réunion
du corps électoral.

Le chef de la force armée avait ordre de n'obéir qu'à une réquisition par écrit du président de l'assemblée électorale.

Je vous invite et au besoin vous requiers, citoyen général, en qualité de président de l'assemblée électorale du département du Doubs, de me communiquer la réquisition en vertu de laquelle vous avez donné ordre à la force armée de se transporter dans le local de nos séances.

Salut et fraternité, QUIROT.

XIe. Au quartier-général à Besançon, le 23 germinal.

Le général commandant la sixième division,
Au citoyen Quirot, président de l'assemblée électorale séant à la salle de l'école centrale.

Vous me fîtes hier soir, citoyen président, la réquisition de tenir à votre disposition un détachement de la force armée dans le lieu de vos séances, je me suis empressé d'y déférer sur-le-champ, parce que j'étais persuadé que vous aviez le droit de me la faire, et que je devais y avoir égard.

Il n'en est pas de même, (au moins à ce que je crois) de celle que vous me faites aujourd'hui, si la loi donne ce droit à un président quelconque d'une assemblée électorale scissionnaire ou non scissionnaire, de demander compte à un officier général commandant une division, des motifs *des dispositions qu'il croira devoir faire pour assurer la tranquillité publique*, compte qu'il ne ne doit qu'à l'autorité supérieure, civile ou militaire, donnez-moi, citoyen président, connaissance de cette loi, et je m'empresserai de m'y conformer ainsi que je le devrai.

Salut et fraternité, DESNOYERS.

N°. VIII.

Nous chef de brigade, adjudant major de service et secrétaire des brigades de la garde nationale sédentaire du canton de Besançon, déclarons que le soir du 20 germinal courant, les président, secrétaire et scrutateurs provisoires du corps électoral du département du Doubs, assemblé

dans la salle décadaire de la commune de Besançon, ont
déposé dans la chambre du secrétariat desdites brigades,
attenant à ladite salle décadaire, les vases cachetés, ren-
fermant les suffrages des électeurs; que la porte en fut
fermée à l'instant, et qu'il fut placé au même moment au-
devant de ladite porte, un factionnaire, qui a été relevé
successivement par d'autres pendant toute la nuit, et ce
jusqu'au lendemain 21; et qu'environ neuf heures du matin
dudit jour, plusieurs électeurs, envoyés par le président
provisoire, se présentèrent à la porte dudit secrétariat pour
que l'ouverture leur en fût faite pour prendre les vases qui
avaient été déposés la veille, ce qui fut exécuté sur le
champ; alors le factionnaire se retira.

Nous avons délivré le présent à Besançon, le 21 germinal, septième année de la république française; GREFFE,
chef de brigade; VIVOLENY, *adjudant major de service*;
MARTIN, *secrétaire*.

Nᵒ. I X.

Remarques importantes sur la liste des électeurs de Besson.

Iʳᵉ. *Électeurs placés par Besson pendant sa mission.*

BONARD, Guillemet, Daclin, Janson, Barret, Landry,
Mortreux, Zédet, Picquet, Agnus, Tanchard, Petit-
Huguenin, Foblanc, Ratte, Lepin, Gallet, Loichot, Bois-
senot, Verney, Parent, Morand, Cressier, Querry,
Pourchet, Jacquot, Simonin, Bernardet, Trouillot, Balin,
Nardin, Rose, Pariset, Diez, Benoit-le-Vieil, Cl. Ig.
Prêtre, Peseux, Légier, Donzelot, Carret, Borrelet, Fleury,
Viancins.

Total 42.... il y en a d'autres encore.

IIᵉ. *Électeurs destitués par le directoire exécutif ou
mis en arrestation pour fait de conspiration, aux ans
4, 5 et 6.*

Thonin; Nicole, Guillemet, Janson, Kilg, Pochet,
Agnus, Trouillot, Voisard, Gallet, Emonin, Verney,
Morand, Cornuel, Bernardot, Renaud, Pierre, Gaume,
Petit, Prêtre, Bulliard, Roydaguct, Douzelot, Marguet,
Borrelet.

Total 26 , seulement par apperçu , car il y en a à coup sûr une foule d'autres que je ne pourrois désigner avec assez de certitude.

IIIe. *Electeurs de l'an IV, c'est-à-dire de la fraction royaliste qui nomma deux députés déportés en fructidor, des parens d'émigrés, et des autorités que le directoire exécutif a été obligé de destituer et de traduire en jugement.*

Mougeuot , Guillemet , Mourgeon , Boucher , Gros , Billon , Barret , Déchamps , Roussel , Rolland , Vaissier , Tonnot , Pourcy , Rose , Cœurdevey , P. Benoit le Vieux , Picquet , Cornuel , Bontrou , Marguet, Delacour , Tanchard, Trouillot , Receveur , Perrin , Chougnard , Kilg , Voisard , Péquignot , Verney , Baudinot , Cl. Ig. Prêtre , Bulliard , f. x. Prêtre , Roidaguet , Maire , Minary , Ratte , Petite , Tissot , Bobilier , Mourcet.

Total 42.

IVe. *Electeurs de l'an V , c'est-à-dire membres d'une assemblée où on délibéra de n'élire aucun de ceux qui auraient, ou acquis des domaines nationaux , ou des parens aux armées , ou fait quelque chose pour la république.*

Laurent, Couché , Nicole, Laurent juge, Berthet , Vejus A. L. Daclin , Marchand , Janson , Magnin , Landry , Bourgoing , Tanchard, Agnus , Foblant , Lombarde , Jeannerot, Boissenot , Morand , Cresier, Pourcelot, Minary , Socier , Gaume , Éthiard , Vuillier de Quingey , Périard , Bougeot, Diez , Roidaguet , Légier , Émonin , Blanchard , Ferniot , Colisson , Cordier.

Total 36.

A quoi on peut ajouter ceux que des faits notoires ont signalés comme des hommes immoraux et des agens déhontés des conspirateurs ; 1°. les quatre Émonin , tous auteurs des troubles fanatiques qui ont agité divers cantons de ce département ; l'un d'eux fut long-temps arrêté après la découverte d'une correspondance royaliste ; tous sont les amis les plus actifs des prêtres réfractaires ; 2°. Laurent d'Ancamey , parent d'un prêtre émigré et de deux déportés ; 3°. Parent de la Liserne dont le frère qu'il recelait a été condamné à cinq ans de fers comme déserteur ; 4°. Maire, de Pontarlier , frère

du fameux chanoine émigré, et que le tribunal criminel refusa
de juger en l'an VI ; 5°. Pourcy ex-noble et frère d'émigré ;
6°. Fleury , parent (on croit même frère) d'un prêtre émigré ; 7°. Colisson , père d'un prêtre déporté ; 8°. Tripard de
Passavant , frère d'un prêtre déporté et ayant publiquement
concouru à arracher un émigré des mains de la gendarmerie ;
9°. Cordier , frère d'un prêtre déporté ou même émigré ;
convaincu en l'an VI d'avoir refusé de poursuivre les émigrés
et ceux qui les recelaient , et forcé de donner sa démission
des fonctions de juge de paix pour éviter les poursuites ; 10°.
Martin Diez , ex-juge de paix de Roulans , forcé de donner
sa démission afin d'éviter des poursuites pour vol et de con-
cussion , intrigant des plus tarés et dont le nom seul desho-
nore celui qui a osé le présenter au gouvernement , etc.

On pourrait signaler bien d'autres hommes , par exemple ,
Jamnu , Grillet et Maurice Petite , électeurs de S. Gorgon
qui n'ont accepté la constitution qu'à condition du renouvel-
lement total du corps législatif et du rappel des prêtres
réfractaires. Le procès-verbal de l'assemblée primaire de ce
canton porte entr'autres passages , *Maurice Petite a dit
accepter , à condition que le corps législatif soit renouvellé
de nouveau , et le rappel des prêtres déportés , etc. etc.*

Qui croirait après cet apperçu sommaire que Besson ait
osé écrire au gouvernement que son assemblée electorale
n'était composé que *d'honnêtes gens*, de propriétaires paisibles , point du tout partisans de *l'anarchie* ; mais tous les
meilleurs amis du monde , de la constitution et du gouvernement....!!!

Note générale.

Cet écrit et les pièces justificatives étaient imprimés lorsque j'ai parcouru les observations que Besson vient de pu-
blier en faveur de son élection : puisque cet homme a l'in-
concevable folie de me fournir toujours des armes contre lui,
je vais détruire rapidement toute sa défense avec quelques-
unes.

1°. Besson dit , page 5 , que vers la fin de ventôse on
a répandu des bruits qui ont terrifié les citoyens paisibles et
ranimé l'audace des *anarchistes*. Prenez garde, Besson, c'est
le 26 ventôse , qu'après avoir fait arrêter et jetter dans les
cachots le tribunal criminel, vous le faisiez traverser en plein

jour les rues de Besançon , conduit à Paris de brigade en brigade par la gendarmerie.

2º. Vous aviez à vos ordres, les 20 et 21 germinal , les autorités , la force armée , le général , etc. Vous avez souffert des désordres de la part d'hommes armés , *en s'efforçant de cacher leurs armes* , vous n'en avez pas arrêté un seul , vous ne pouvez pas en nommer UN SEUL , preuve en main ! ! !

3º. Les votans *du côté gauche* , les votans *du côté droit...* Besson il n'y a donc pas eu tant de confusion puisque vous avez si bien observé les hommes et les mouvemens.

4º. Le président provisoire *montra de la faiblesse...* c'est un *anarchiste....* Besson , ce président provisoire était l'ex-général de division Méquillet , présentement commissaire du pouvoir exécutif près le canton de Blamont, (à moins que vous ne l'ayez fait révoquer depuis votre retour à Paris.)

5º. *L'assemblée se retira indignée, BIEN DECIDEE A COMMENCER LES OPÉRATIONS du lendemain , par déclarer nulles celles de la veille ; chacun sentit sur-tout LA NÉCESSITÉ DE SE TROUVER EXACTEMENT A L'OUVERTURE DE LA SÉANCE*, (page 14,) comme ce passage est naturel et coulant ! ! !

6º. *Aussitôt que le bureau fut formé (le 21 à huit heures du matin) UN MEMBRE DE L'ASSSEMBLÉE invita le président provisoire à requérir le commandant du poste , placé près la maison commune , d'envoyer un piquet de grenadiers , près de la salle de l'assemblée électorale. (page 14). La force armée n'est venue près de l'assemblée QU'A LA RÉQUISITION DE SON PRESIDENT PROVISOIRE (pag. 24).*

J'ai imprimé l'ordre donné la veille à la force armée A DIX HEURES DU SOIR , de se trouver à sept heures du 21 autour de la salle de l'assemblée électorale... et ces détachemens se sont trouvés là comme par hasard.

7º. *Une centaine d'électeurs vinrent* (le 21 au matin), *ils trouvèrent DANS LA SALLE QUI PRECÈDE CELLE DE L'ASSEMBLÉE , des factionnaires qui REFUSÈRENT L'ENTRÉE à tous ceux qui n'osèrent pas prendre la qualité d'électeur* (page 15).

Je lis au contraire, page 47 , de votre procès-verbal , *tous ceux qui s'étaient introduits à leur suite pour leur servir de cortège AU NOMBRE D'ENVIRON CINQ CENTS ont redoublé leurs imprécations.*

(47)

Voudriez-vous bien nous dire , Besson , dans lequel de ces deux écrits vous avez impudemment menti ?

8°. *Ils entraînèrent (en se retirant) sept à huit des plus faibles de ceux qui étaient réunis dans la salle décadaire ,* (page 17). Quoi , Besson , vous aviez destitué PLUS DE QUATRE CENTS FONCTIONNAIRES dans ce département, jetté dans les cachots le tribunal criminel et plusieurs citoyens , fait faire dix procédures , vous aviez à vos ordres les autorités la force armée , le général ; vous étiez entourés de cent grenadiers , de cent hommes de la 29eme. de 30 chasseurs à cheval , et les hommes qui se réunissent à ceux que vous chassez sont *des hommes faibles !*

9°. *On trouve parmi eux les anciens membres des comités révolutionnaires.* . . . . . Besson , vous avez encore menti: je vous défie de citer deux noms; et quand cela serait, vous seriez le dernier des hommes à qui il serait permis de faire ce reproche.

10°. *L'assemblée mère n'a pas vérifié les procès-verbaux de 14 cantons, du moins on ne voit dans son procès-verbal aucune trace de cette vérification* (page 25) c'est une imposture pour une partie , et une ineptie pour l'autre. Tous les procès-verbaux ont été vérifiés : on a pu omettre d'analyser quelques-uns de ceux sur lesquels il ne pouvait y avoir de de contestation , car l'Instruction du 6 germinal que Besson n'a pas lu dit : *s'il s'élève des discussions ou des réclamations sur les procès - verbaux , il en sera fait mention sommaire.*

10°. *L'assemblée mère a fait des faux , en insérant sur la liste des électeurs qui n'ont pas voté avec elle.* (p. 25.) Quelle mauvaise foi ! Ce fait au contraire est une preuve de la loyauté de l'assemblée mère qui ne scindant point les procès-verbaux présentés à la vérification , a reconnu légitimes des électeurs même votans avec Besson. Et elle a vérifié les pouvoirs de 158 électeurs ; et elle n'en a jamais porté plus de 148 sur la liste de ses votans qui ont signé individuellement la preuve de leur présence.

11° *Le citoyen Cordier , de Levier ,* (parent d'émigré) s'est retiré (page 26.) Il avait donc voté jusque-là... Je lis cependant dans votre procès-verbal (page 55) *un membre a observé que le citoyen Cordier aurait cru devoir s'abstenir de se présenter à l'assemblée électorale....* Quelle maladresse dans de telles contradictions !

13º. Besson ne met pas plus de bonne foi dans son premier tableau d'électeurs, il s'en attribue soixante-deux d'assemblées non scissionnées tandis que son procès-verba même prouve qu'il n'en aurait eu que 60, les citoyens Rose et Curée étant malades n'ont voté dans aucune assemblée.

14º. Mais c'est sur-tout le dernier tableau qu'il présente avec tant d'emphase qui devient contre lui une pièce à la quelle je lui défie de répondre.

1º. Il y a imposture sur plus de moitié des résultats. Besson calcule *innocemment* les votans de son côté d'après l'article des procès-verbaux où il trouve le plus grand nombre, pendant toute la tenue d'une assemblée primaire, et les votans opposés d'après la séance où il y a eu le moindre nombre.

2º. Il y a selon tous ses calculs dans la totalité des assemblées fractionnaires, 4410 votans pour lui, et 4126 pour l'opposition ; pour ce résultat, il en suppose 411 à Mont-Benoit (et c'est par paranthèse le canton où il en suppose le plus) Or j'ai prouvé par trois pièces irrécusables que cette scission de Mont - Benoit est chimérique, il se trouverait donc n'avoir en résultat total qne 4099 votans contre 4126.

3º. Une raison doit frapper tous les esprits, c'est que le parti de Besson qui avait par-tout les autorités, la force armée et tous les moyens d'influence, n'a fait scission que par-tout où il a été en faible minorité.

4º. Enfin, il ne faut pas compter en masse les suffrages des assemblées primaires, pour juger des pouvoirs des électeurs, mais bien comparer ceux de chaque assemblée en particulier, et en suivant cette note on trouverait encore dans le tableau même de Besson, un plus grand nombre d'assemblées primaires où les républicains ont obtenu la majorité, et par le fait un bien plus grand nombre d'électeurs nommés par des majorités légales. Il est inutile de répéter ici ces calculs puisqu'ils ont été présentés sous tous leurs divers aspects dans les observations qui précédent pages 27 , 28 et 29.

Si je n'en ai pas dit assez pour détruire toutes les observations de Besson et porter l'évidence dans tous les esprits. Je ne sais plus comment il faudrait faire pour démontrer une vérité, et ce serait à coup sur perdre du temps que d'insister davantage.

Paris 20 floréal an 7. P. J. BRIOT

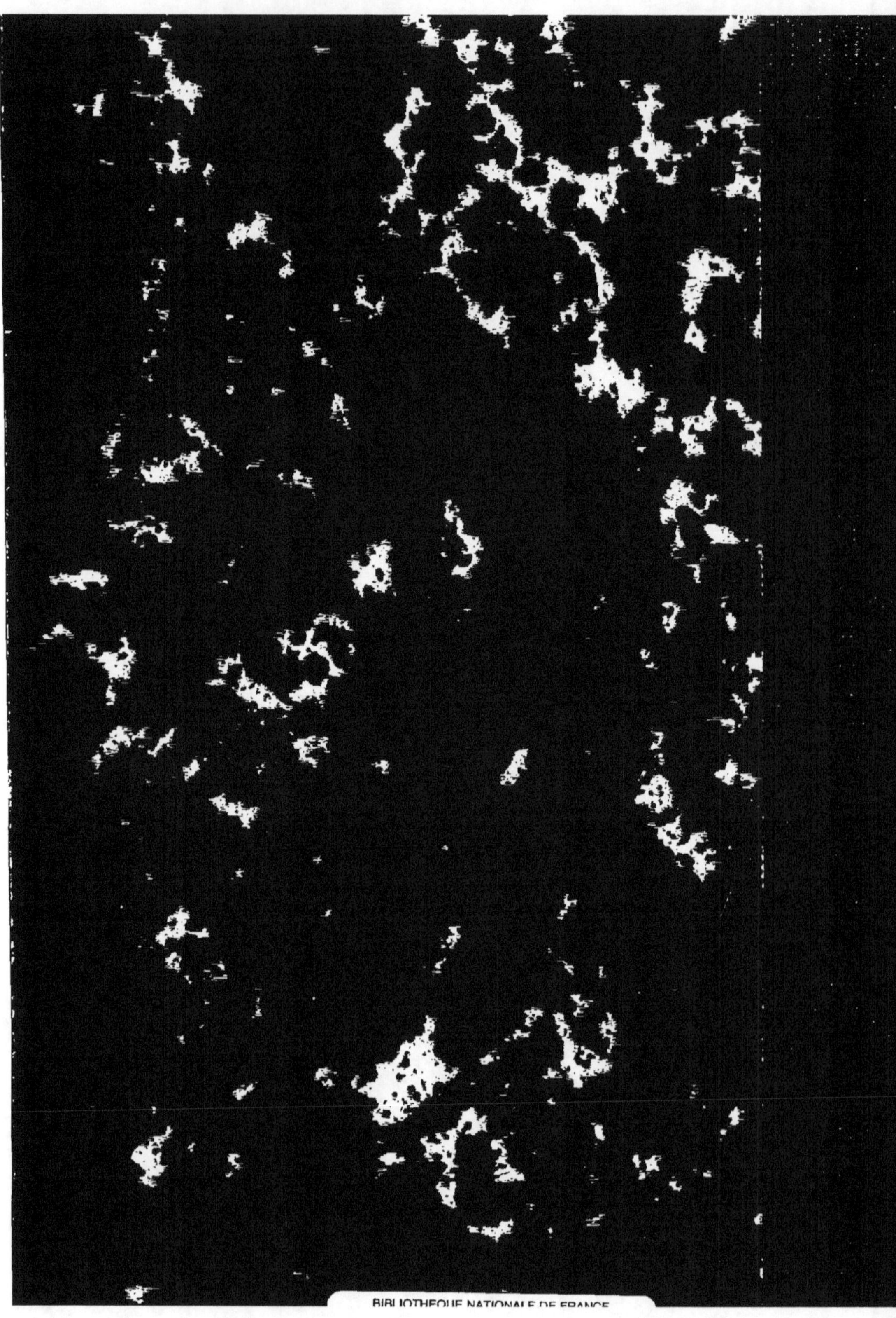